PROJET DE CONTROLE

sur les

Établissements de Bienfaisance privée

LE RAPPORT DE Mme MONIEZ
ÉTUDE CRITIQUE
DEUX SYSTÈMES EN PRÉSENCE

REIMS

COURRIER DE LA CHAMPAGNE
4, rue Robert-de-Coucy
--
1908

Les articles publiés par le Courrier de la Champagne ont attiré l'attention des Congressistes. De divers côtés, on nous a demandé de les présenter en faisceau. Leur ensemble forme une étude approfondie de la principale question posée au Congrès : Le Contrôle des Établissements privés d'assistance.

Nous avons appris que Mme MONIEZ avait pris quelque ennui des observations que nous avons présentées. Cela nous surprend : c'est avec une respectueuse courtoisie, et en rendant toujours hommage aux efforts attestés par son travail, que nous avons discuté les idées qu'elle y a présentées.

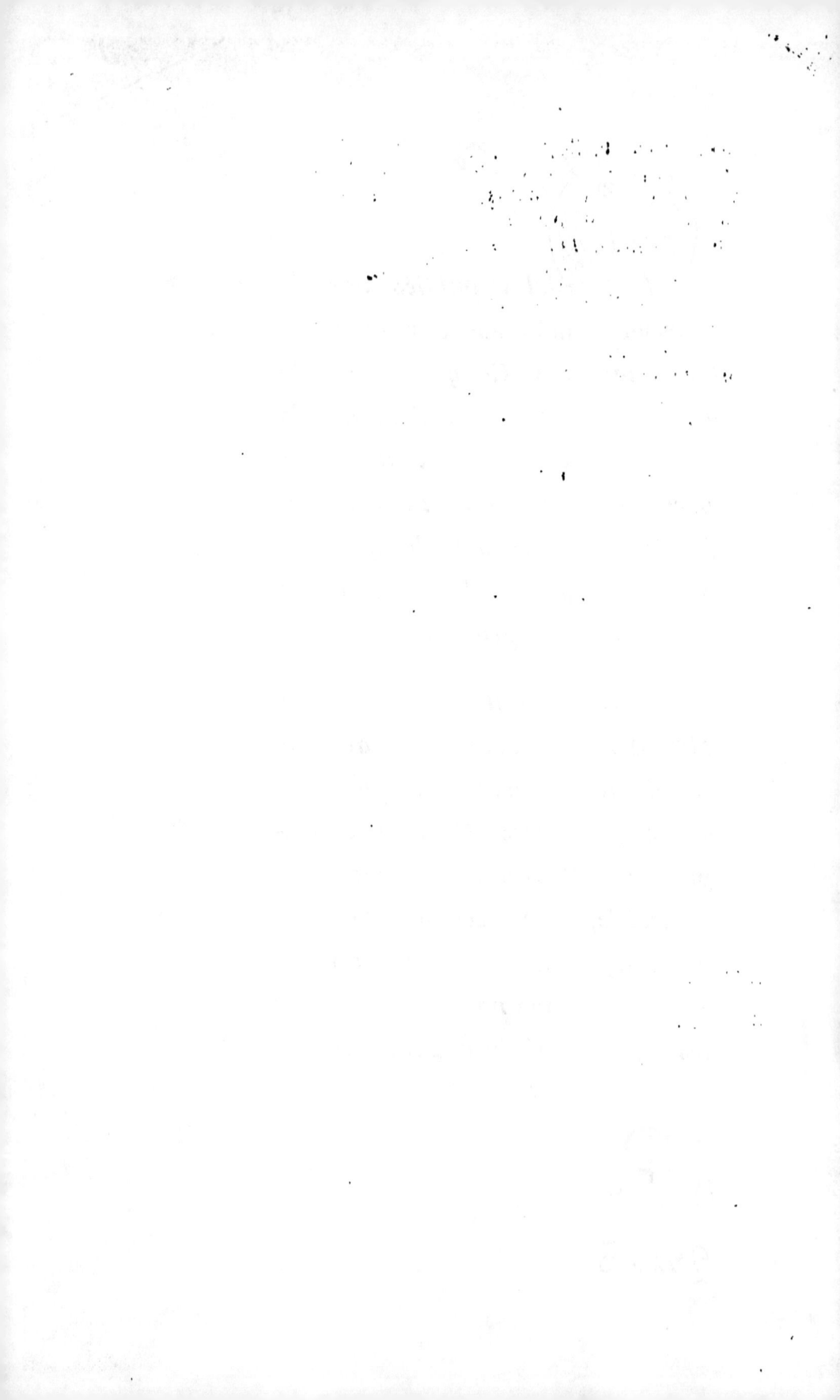

PROJET DE CONTROLE

SUR LES

Établissements de Bienfaisance privée

Un regard d'ensemble sur le Rapport de
Mᵐᵉ Moniez. — Obligations imposées
aux Établissements privés d'assistance.

PREMIER ARTICLE.

Dimanche 19 Avril.

On sait que notre ville va être le siège du
IVᵉ Congrès national d'assistance publique
et privée, congrès qui commencera le 21
avril, et se continuera jusqu'au 26 avril. Il
sera inauguré par M. Loubet, l'ancien Président de la République, qui suit en cela les
belles traditions de M. Casimir Périer.

La première question, qui a pour rapporteur général le docteur Maygrier, est rela-
tive à l'assistance de la femme ouvrière
avant et après l'accouchement.

La seconde, d'un caractère plus spécial,
concerne l'application de la loi du 14 juillet
1905 sur l'assistance aux vieillards et aux
infirmes. Le rapporteur est M. Campagnole.

La troisième a pour rapporteur Mme Moniez. Il s'agit d'un contrôle à organiser sur
les établissements de bienfaisance privée,
contrôle relatif notamment au pécule de sortie et à l'éducation professionnelle des enfants hospitalisés.

Chacun de ces trois rapports est intitulé : « Rapport Général ». Cette dénomination surprend, car il ne parait dans aucun qu'il y ait eu des rapports particuliers.

Une revue spéciale, la revue l'*Enfant*, rend au rapport du Dr Maygrier, un légitime hommage. Il est, en effet, très clair et consciencieusement pratique, et, dit-elle, « ce n'est pas là un mince mérite. »

Question principale.
Rapport de Mme Moniez.
Contrôle des Établissements privés d'assistance.

La troisième question sera la grosse question du Congrès.

Mme Moniez propose de multiplier, à la charge des établissements *privés*, des obligations préfixes et uniformes, sans que, d'ailleurs, ces obligations soient imposées aux établissements municipaux, départementaux ou nationaux. Sans affirmer qu'elle soit complète, voici la liste des obligations expressément ou implicitement imposées :

1° Obligation d'une éducation professionnelle complète.

2° Obligation de l'éducation ménagère complète.

3° Obligation du pécule automatique.

4° Obligation de comptabilité.

5° Obligation d'envoi de comptes annuels.

6° Obligation d'envoi d'un compte rendu annuel avec pièces justificatives.

7° Obligation de produire la comptabilité.

8° Obligation de se soumettre à une surveillance diurne et nocturne, et à un contrôle permanent sur la direction.

9° Obligation de trousseau, dont la valeur est fixée par avance.

10° Obligation de se soumettre aux décisions du préfet et du ministre de l'intérieur pour les contestations relatives au pécule et an trousseau.

11° Obligation d'instituer des patronages pour favoriser le placement des assistés ou, à défaut, obligation d'assurer à ces derniers un placement pendant la première année de leur sortie.

On paraît unanime pour faire au rapport de la distinguée Mme Moniez deux reproches : c'est, d'abord, qu'elle s'est bornée à donner son opinion personnelle, sans exposer les opinions qui avaient déjà été émises ; c'est, ensuite, d'avoir excédé manifestement les termes de la question posée.

Avenir des Établissements privés.

En dehors de ces deux critiques, il est une autre question qui se présentera devant le Congrès.

Soumis, d'une part, à des obligations préfixes et uniformes, soumis, d'autre part, à la surveillance sur place et sur pièces de contrôleurs, chargés de veiller à l'exécution des obligations imposées, que seraient et que deviendraient les établissements privés ?

Ils seraient là, simplement, pour assurer les ressources nécessaires. Et ceux qui s'y dévouent ne seraient plus que des fonctionnaires, mais des fonctionnaires d'un genre spécial : non payés, d'une part, ils seraient, d'autre part, exposés à des procès continuels, à des responsabilités civiles et à des sanctions pénales.

Mme Moniez s'est abstenue d'insister sur ces responsabilités et sur ces sanctions. Mais le Congrès ne pourra pas ne pas s'en inquiéter.

La revue l'*Enfant* (que dirigent M.
H. Rollet et M. J. Teutsch) a exa-
miné cette situation avec le plus grand soin,
en insistant sur la nécessité de préciser les
sanctions civiles et pénales. C'est à la revue
l'*Enfant* que nous avons emprunté la liste
ci-dessus des obligations projetées. A ce régime, les œuvres privées, laïques ou confessionnelles se réduiraient de plus en plus
et finiraient par disparaître. Que deviendraient leurs assistés ? (1)

Deux solutions.

En définitive, le Congrès aura à choisir
entre deux solutions : celle de Mme Moniez,
qui asservit les œuvres *privées* à un régime
qui serait leur destruction, et celle qu'a ex-
posée, dans un très curieux travail, la Supérieure de l'Orphelinat de Gaudechart (Oise),
qui sollicite ingénieusement l'émulation des
œuvres privées, laïques ou confessionnelles.
Ce travail, édité chez Lecoffre par l'Action
Populaire, a pour titre : « L'Organisation de
l'apprentissage ménager dans les Orphelinats ». Il est précédé d'une préface de
premier ordre, due à la plume de M. E.
Cheysson, de l'Institut. Il est, en outre, suivi de nombreux avis, très motivés et très
documentés, qui émanent de MM. Beaure-

---

(1) Au cours de la séance d'inauguration du Congrès,
nous avons eu la satisfaction d'entendre M. Mirman,
directeur de l'Assistance et de l'Hygiène publiques,
puis M. E. Loubet, proclamer avec énergie et sans
réserves l'absolue nécessité de l'assistance privée et de
sa pleine et totale indépendance.
Et, d'après les impressions que nous avons recueillies,
les congressistes ont eu le net sentiment que, par là,
M. Loubet et M. Mirman avaient voulu prémunir le
Congrès contre les solutions proposées par Mme Moniez,
solutions qui impliqueraient un asservissement into-
lérable, même dans la direction.

gard, Bérenger, Bruyere, A. Gigot, Harel, d'Haussonville, H. Joly, Méline, G. Picot, Prache, A. Rendu, Rollet, F. Voisin, Mme Caubet et Mlle Dr Delporte.

Dans la *Revue Philanthropique*, que dirige M. le sénateur Strauss, M. Delpy en a fait un compte-rendu très élogieux.

Nous allons présenter, d'une façon sommaire, les solutions qui sont présentées par Mme Moniez et par la Supérieure.

Il va de soi que les considérations de parti n'ont, ici, rien à faire. Et, d'ailleurs, il s'agit aussi bien des œuvres laïques que des œuvres confessionnelles.

DEUXIÈME ARTICLE.
Mardi 21 Avril.

La liberté de la Philanthropie et de la Charité est gravement menacée.

L'opinion de M. Marin, Vice-Président du Tribunal civil de Bordeaux, Secrétaire général de l'Œuvre des Enfants abandonnés de la Gironde.

On espérait recueillir dans le Congrès les avis de M. Marin, vice-président du Tribunal civil de Bordeaux, l'éminent philanthrope qui dirige avec tant de zèle et aussi avec tant de succès la colonie de Saint-Louis.

Empêché, M. Marin ne viendra pas. Ce sera pour tous un grand regret.

Sa voix de praticien émérite eût été entendue avec beaucoup de profit par tous ceux qui, en ces matières, ne se bornent pas à de trop faciles théories.

Comme l'a dit M. Prache, dans l'Avis qu'il a écrit au sujet du travail de la Supérieure de Gaudechart,, « la philanthropie verbale » est volontiers verbeuse. Et, d'autre part, » ceux qui ne font jamais rien sont souvent » les premiers à crier que ceux qui agissent » ne font point assez. »

Du moins, M. Marin a-t-il voulu donner au Congrès les enseignements de son expérience exceptionnelle. Il a envoyé un Mémoire. Nous nous faisons un devoir de le publier en entier (1) :

---

(1) Les notes greffées sur cet article ne sont pas de M. Marin.

I. — PÉCULE.

Ainsi que je l'ai indiqué dans un travail inséré dans le journal *L'Enfant* (numéro du 15 août 1906), je suis partisan de *l'obligation du pécule*, mais non *du droit au pécule*.

Je m'explique :

J'admets que les Établissements soient tenus de verser, chaque année (dans une mesure restreinte, d'ailleurs, si l'on veut qu'ils puissent vivre), une somme destinée à constituer pour les enfants un petit capital de sortie (1). Mais je n'admets pas que chaque enfant ait un *droit acquis* à cette réserve.

Comment ! Vous allez mettre sur la même ligne le pupille laborieux, discipliné, actif, qui rend des services, et le paresseux, l'indiscipliné, qui met le trouble dans la maison ! Et cet indiscipliné aura le droit de vous dire en face : « Oui, je refuse de travailler, je casserai les outils, j'inciterai mes camarades à la révolte ; mais vous verserez quand même, chaque jour, une somme de... pour moi à la Caisse d'Épargne. Et cette somme, d'ailleurs, je m'empresserai de la boire, de la dissiper, le jour de ma sortie. » Ce serait vraiment inique ; ce serait enlever aux Directeurs un de leurs grands moyens d'action : *la récompense.*

Pécule-Récompense.

Le pécule, j'ai dit le mot, doit être la récompense de la bonne volonté, de l'effort, du travail. Il ne doit pas être un droit qu'on acquiert en entrant dans un établissement

---

(1) L'éminent philanthrope suppose d'ailleurs que ce versement est possible, et, comme le reconnaît Mᵐᵉ Moniez pour les établissements de filles, ce versement peut être impossible en certains cas.

qui, par pure philanthropie, pour l'accomplissement d'un devoir social (auquel se dérobent les autres), prend la charge et la responsabilité de l'entretien, de la nourriture, de l'éducation de l'enfant.

Tous les ans, l'œuvre des enfants abandonnés de la Gironde inscrit à son budget, pour les récompenses et le pécule une somme de 2,400 fr., à laquelle viennent s'ajouter les prix donnés par la Ville de Bordeaux pour l'École de jardinage, 1.200 fr., et des prix de 100, 50 et 25 fr. fondés par des bienfaiteurs, au total environ 4,000 fr. (1).

Chaque semaine, on donne des notes : 0 à 6.

Aux notes 4, 5 et 6 correspond une récompense en argent. Le pupille touche de suite le tiers de cette somme, en jetons avec lesquels il achète à l'Économat fruits gâteaux, calepins, ceintures, etc., etc.... Les deux autres tiers sont placés en son nom à la Caisse d'Epargne.

Les prix institués et les récompenses sont distribués deux fois par an aux plus méritants et le montant placé à leurs livrets.

Avantages.

Ce système a un double avantage :
Il excite l'enfant au travail.
Il lui donne une récompense *immédiate*.

Vous pensez bien qu'avec l'obligation du pécule *et le droit* au pécule, les établissements ne pourront pas, en plus, donner des récompenses : où prendraient-ils l'argent ?

On dira à l'enfant : « Mon ami, tu t'es très bien conduit cette semaine, tu as adm'-

(2) Notons que les récompenses ainsi distribuées proviennent de subventions et de dons. Observation importante pour conjurer des assimilations dangereuses dans des situations différentes.

rablement travaillé ; eh bien ! nous allons
verser pour toi dix sous à la Caisse d'Epargne ; dix sous que tu toucheras dans cinq
ans ! »

Vous voyez d'ici, si vous connaissez les
enfants, le nez que fera ce petit, qui préfé-
rerait de beaucoup, aux 50 centimes de l'a-
venir, *deux sous comptant*, pour acheter des
cerises ou un verre de limonade !

Pour Dieu ! Qu'on ne complique pas la
tâche déjà si difficile de l'éducateur de l'enfance abandonnée ou coupable ! Laissons-lui
ses morceaux de sucre...

Mettre sur le même pied un travailleur et
un paresseux, cela constituerait un acte injuste.

Donc, je conçois qu'on oblige les établissements à verser, chaque année, une certai-
ne somme pour constituer le pécule de
leurs pupilles ; mais je veux qu'on les laisse
libres de la distribuer comme ils l'enten-
dent, sous le contrôle, au besoin, de la
commission de surveillance, et qu'on les
autorise à en prélever une partie, pour être
donnée, *hic et nunc*, à titre de récompense.

Quotité de la Somme.

Quelle sera cette somme ?

À mon avis, elle ne saurait dépasser 2 %
des recettes de la maison. Les Etablissements d'initiative privée tirent leurs princi-
pales ressources de la charité, et celle-ci,
pour de multiples raisons ou prétextes, est
de moins en moins large et généreuse.
Leurs charges sont considérables ; il faut
payer le traitement du personnel (or, celui-ci
doit être trié sur le volet, et partant bien
rétribué), — la nourriture, l'entretien, l'instruction, l'éducation professionnelle des enfants, les impôts, les assurances, etc...

Et puis enfin, raisonnons :

Les Œuvres recueillent des orphelins, des moralement abandonnés qui, très vraisemblablement, laissés dans leurs milieux, n'auraient rien appris, (que le mal), et seraient à 18 ans des êtres chétifs, n'ayant ni instruction, ni métier, ni énergie morale pour gagner leur vie. Elles dépensent pour eux des sommes relativement élevées (le prix de journée, dans nos établissements, est de 1 fr. 50 à 1 fr. 75 par jour), donnent sans compter soins, peines, dévouement et en font des gars robustes, sachant lire, écrire, compter, ayant en mains un outil qui assure leur existence, des principes d'honnêteté et de devoir pour les guider. Voilà déjà, n'est-ce pas, un pécule appréciable ?

Comparez ces jeunes vignerons habiles, qui ont suivi des cours et pratiqué, ces mécaniciens, forgerons aptes à se tirer d'affaire le lendemain de la sortie, aux fils des paysans, des ouvriers, qui sont restés chez eux. Ils ont coûté à leur famille qui a dû les nourrir, les habiller, les mettre en apprentissage. Pensez-vous qu'à 18 ans ils aient 100 francs à la Caisse d'épargne ? 100 francs gagnés par eux ? Non, assurément. Et, en général, ils n'ont ni la valeur professionnelle, ni la valeur morale de nos pupilles

Et l'on voudrait, par dessus le marché, offrir encore à ceux-ci une réserve importante, un petit capital !... — aux dépens de ceux qui les ont choyés et faits ce qu'ils sont. C'est vraiment excessif.

Il est bon je le reconnais, que soit qu'on le place, soit qu'il entre au régiment, l'enfant, tout au moins celui qui a été un bon sujet et a travaillé ait un petit *en-cas*, pour ne pas être désarmé contre le chômage, la maladie et s'offrir quelques douceurs au régiment. Mais n'exagérons rien —

car, ce faisant, on tuerait la poule aux ai-
les protectrices, j'entends l'établissement
privé.

Et puis, pourquoi proposer au voisin un
prétendu devoir dont soi-même on s'exemp-
te ? Les services des Enfants Assistés cons--
tituent-ils des pécules du calibre dont on
parle à leurs pupilles ? (Proposez-le aux
Conseils généraux !...) l'État a ses pension-
naires des maisons de correction ?

Le pécule étant fixé à 2 %. des recettes,
j'ai calculé que le pupille de conduite et de
travail moyens aurait de 150 à 200 francs
à sa sortie ; le très bon, avec les prix et récompenses, de 300 à 400 francs.

A 22 ans, j'étais employé à Paris à 1500
francs par an et je n'avais pas 300 francs à
mon livret, — je n'avais même pas de livret

Droit au Pécule. A quel moment ?

A quel moment les pupilles auront-ils
droit au pécule ?

A sa sortie, dira l'un. Soit ! Mais ils ne
sortent pas toujours au même âge et après
le même temps de séjour : certains peuvent
être repris par leurs parents, si ceux-ci
n'ont pas donné la délégation de leurs
droits, ou si, l'ayant donnée, ils ont pu obtenir un jugement de reprise : d'autres peuvent être repris par l'Assistance publique à
qui ils appartiennent, et cela à 15 ou 16 ans.
Vous ne pouvez pas leur donner la même
somme que s'ils sortaient de 18 ou 20 ans.

Voici un pupille qui entre à 16 ans et
demie. Il reste 18 mois. Il n'a pas droit
non plus au même pécule que celui qui sera resté 6 ans .

Aussi, me paraît-il impossible de fixer
un pécule de sortie, de dire, par exe...ple

chaque enfant à 18 (ou 20 ans,) aura droit à tant ! Il serait souverainement injuste d'assimiler l'enfant qui pendant 6 ans a travaillé dans la maison, rendu des services, à celui, qui, pour un motif ou pour un autre, n'y est resté qu'un an ou deux.

Et puis, quel âge de sortie fixera-t-on ? Dans les établissements de garçons, 18 ans, âge auquel ils peuvent s'engager ; pour les filles, ce sera souvent 20 ans.

Mon système fait disparaître ces inconvénients et résout, — ce me semble, — la question, puisque l'enfant touche à sa sortie, la somme qu'il a *gagnée* pendant son séjour, celle qui lui a été affectée sur la réserve annuelle qui serait imposée aux Etablissements.

Questions annexes.

D'autres questions de détail se présentent, très importantes cependant.

Ayant été appelé en 1900, à déposer devant la commission de la Chambre des députés, saisie du projet de loi sur le contrôle des Etablissements de bienfaisance privée, et présidée par M. Ricard ,ancien garde des sceaux, on voulut bien écouter, avec la plus flatteuse attention, les critiques que je formulai, et mes observations, je le crois, ne furent pas étrangères à trois modifications qui furent apportées au texte primitif

1° Le point de départ du droit au pécule fixé à une année seulement après l'entrée de l'enfant à l'Etablissement, lors même qu'il avait dépassé 14 ans. J'avais fait remarquer que les 12 premiers mois, le pupille, non habitué au travail de la maison, ne rend aucun service, et, d'autre part, coûte fort cher, car on doit le fournir d'une literie, d'un uniforme, d'un trousseau, etc.

2° La suspension du droit au pécule, en cas de maladie constatée sur le registre, par le médecin de l'établissement (1).

3° La faculté laissée aux établissements sous certaines conditions, de verser le pécule par à-comptes aux enfants sortis de l'établissement, suivant leurs besoins. Je n'avais pas de peine à démontrer ce que deviendrait, où irait et à qui irait le malheureux argent, péniblement épargné, s'il était livré tout entier au pupille le jour de sa sortie !..

Il y aurait lieu, à mon avis, d'introduire ces indications dans la loi.

Voici donc les vœux que je formule relativement au pécule :

1° Le pécule des enfants sera fourni sur une réserve de 2 % prise chaque année sur les ressources de l'établissement. Sur cette réserve, le 1/6 sera distribué en récompenses ; le reste placé en leur nom à la Caisse d'Epargne.

2° Si ce principe de la formation du pécule n'était pas admis — et si l'on s'en tenait à un versement de tant par jour pour chaque enfant (c'est le principe du *droit au pécule*, que je combats de toutes mes forces), il faudrait décider.

1° Que le droit au pécule ne commencerait qu'un an après l'entrée de l'enfant.

2° Que ce droit serait suspendu en cas de maladie.

3° Qu'à la sortie de l'enfant, le pécule pourrait être versé par à-comptes, suivant les besoins.

3°. — Si l'on fixait un chiffre définitif, c'est-à-dire, si chaque enfant, à sa sortie,

---

(1) La revue l'*Enfant* insiste sur les cas où l'enfant s'évade ou est retiré par ses parents au mépris du contrat intervenu avec l'établissement.

avait droit à tant, (200 frs par exemple)
ce qui entrainerait mille difficultés, il faudrait prescrire que l'enfant n'aurait droit
à cette somme qu'à partir de 18 ans, et,
quel que soit son âge, s'il a passé moins de
4 ans dans l'Etablissement.

S'il était resté moins de 4 ans, il ne re-
cevrait que 50 frs, pour chaque année pas-
sée dans l'Etablissement, à partir du jour
où s'ouvrirait son droit au pécule, c'est-à-
dire, un an après son entrée, ou à 14 ans,
s'il a été recueilli avant 13 ans.

II. — DE LA SURVEILLANCE.

La surveillance devra être nettement pré-
cisée, quant à son objet. Elle ne peut, à
mon avis, porter que sur le traitement des
enfants, l'hygiène, l'application des lois et
réglements.

J'admets parfaitement que l'Etat ait le
pouvoir de s'assurer :

1°. — Si les pupilles des établissements
privés ne sont pas maltraités ; s'ils ne sont
pas soumis à un travail excessif.

2°. — Si les règles de l'hygiène sont ob-
servées. Mais, sur ce point, j'espère qu'on
ne se montrera pas ridiculement méticu-
leux. Qu'importe, par exemple, à la santé
d'enfants qui sont aux champs de 5 h. du
matin à 7 h. du soir, que le dortoir où ils
couchent manque de quelques centimètres
du cube réglementaire ?

Surélever des dortoirs, ou en créer de
nouveau, cela est une grosse dépense et
présente parfois les plus grandes difficultés.

3°. — Si la loi est observée. Cela va de
soi. Mais il est indispensable que les représentants de l'Etat ne s'immiscent en rien
dans les systèmes d'éducation, et qu'on leur

refuse catégoriquement la faculté d'imposer
leurs théories (1).

Je suis partisan, moi, de prendre pour
base de l'éducation des enfants malheureux,
qui ont souffert, même des enfants difficiles
les et vicieux, la bonté. Je traite les pupilles,
les, d'où qu'ils sortent, comme s'ils étaient
mes propres enfants, me faisant leur ami,
les recevant chez moi, à ma table. Les donateurs
nateurs de l'œuvre, *ceux qui la font vivre*,
sont de mon avis (2), et approuvent absolument
cette méthode. De quel droit viendrait-on
m'obliger à changer mes morceaux de sucre
contre des bâtons ou des fouets. Est-ce que
cet on paie, entretient la maison ? A-t-il la
prétention d'avoir le remède infaillible ?

*Pour peu que l'on ait suivi les congrès,
on se rend compte des résultats invraisemblables
blables que présenterait l'exercice d'un tel
pouvoir.* Celui-ci exigerait des quartiers séparés
parés pour les voleurs, les vagabonds, les
mendiants, les vicieux !.... Celui-là des
groupes de dix, avec éducateur spécial attaché
taché à leurs personnes.... cet autre prohiberait
berait les pupilles gradés.... ce quatrième
remplacerait la cellule par un discours éloquent
quent !....

Chaque institution doit être libre de suivre
vre le système qu'elle croit le meilleur pour
atteindre son but. A en imposer un, on
s'exposerait aux plus rudes déboires, l'on
découragerait les initiateurs et les dévouements.
ments.

---

(1) Pour conjurer la « routine », comme elle dit,
Madame Moniez soumet au contraire les œuvres privées
vées au contrôle permanent d'inspecteurs.

(2) M. Marin constate que son œuvre ne vit que
grâce au concours de donateurs. On ne saurait trop
répéter que beaucoup d'œuvres n'ont pas de donateurs.
Et, à celles-là, on ne saurait demander de faire ce que
font aisément les œuvres dotées.

III. — ÉDUCATION PROFESSIONNELLE.

Quant au contrôle sur l'éducation professionnelle, il me parait extrêmement difficile, surtout dans les Etablissements agri-
coles.

Opérera-t-on par examen ? Il sera
alors indispensable de documenter les pro-
fesseurs. Tel pupille aime le travail de la
terre et restera un agriculteur ; tel autre
n'y apporte aucun goût et lâchera la char-
rue dès sa sortie pour se faire valet de
chambre, employé, musicien. (Plusieurs de
nos pupilles, sortis du Conservatoire, font
partie de l'Orchestre de l'Opéra).

Celui-ci est intelligent et fera plus tard
un maître jardinier ; celui-là est borné, ar-
riéré et ne sera toute sa vie qu'un manœu-
vre.

Pour que la Commission d'examen fonc-
tionnât utilement, elle devrait aussi avoir
des notions sur l'horticulture, la viticultu-
re, la boulangerie, la serrurerie, la couture, la musique, la mécanique, la cordon-
nerie, la menuiserie... Hum !... Cela me
semble bien compliqué, et je crois qu'à
trop demander à ces Commissions, on n'en
tirera rien de bon.

Il ne faudrait pourtant pas que leur rôle
se bornât à jeter des bâtons dans nos roues
et à accroître nos préoccupations. On devrait songer que ce n'est ni pour le plaisir,
ni pour le profit, que les administrateurs
des Etablissements d'intérêt privé travaillent
et acceptent de lourdes responsabilités et se
livrent corps et âme à l'éducation et au sau-
vetage de l'enfance.

Le contrôleur devra être leur collaborateur déférent, leur conseiller ami. Il ne saurait, vis-à-vis d'eux, se poser en tranche-
montagne et en despote.

IV. — AGENTS DE LA SURVEILLANCE.

Et maintenant, qui surveillera ?

On ne saurait songer à confier cette mission délicate à un homme seul, fût-il Préfet ou Inspecteur du service des Enfants assistés. Ces fonctionnaires auront leur place marquée dans une Commission à instituer.

Cette Commission (comme le Conseil supérieur dont on a parlé), devra comprendre un nombre important de représentants des œuvres d'initiative privée, avec, si l'on veut, un ou deux magistrats parmi ceux (assez rares) qui s'occupent des questions de l'enfance. Il faudrait en écarter systématiquement les politiciens, — j'entends les hommes qui voudraient profiter de cette charge pour satisfaire leurs rancunes ou en tirer profit, — et *les théoriciens, gens redoutables*, qui n'ont jamais vu de près les enfants, reçu leurs confidences, réprimé leurs fautes, connu leurs faiblesses, séché leurs larmes ; pas plus qu'ils n'ont eu à administrer un Établissement, à s'ingénier à trouver les ressources pour le faire vivre, à diriger un personnel ; mais qui vous arrivent avec une maison toute montée, peuplée d'enfants en bois et d'éducateurs en plomb. Il suffit de tourner la manivelle !... Et tout casse.

TROISIÈME ARTICLE.

Mercredi 22 Avril.

La liberté de la Philanthropie et de la Charité est gravement menacée.

Le Rapport de Mᵐᵉ Moniez. — Son postulat fondamental. — Comment vivent les orphelinats de jeunes filles. — Le projet de Mᵐᵉ Moniez aboutit à leur suppression.

De quelque manière qu'on envisage soit le système du projet de loi, soit le système de Mᵐᵉ Moniez, avec l'ensemble des obligations qu'ils imposent à *toutes* œuvres *privées* (et non aux établissements publics : municipaux, départementaux, nationaux), ces deux systèmes partent de l'idée ou bien que *toutes* les œuvres privées ont des ressources correspondantes à cet ensemble d'obligations, ou bien qu'elles peuvent à loisir se les procurer.

En dehors de ce postulat, l'un et l'autre système ne se comprendraient pas. Comment, en effet, imposer des obligations à *toutes* les œuvres privées, si on sait que ces œuvres (ou partie d'entre elles) sont dans l'impossibilité d'y satisfaire.

Ce postulat est-il exact ?

Lorsqu'il s'agit des établissements réservés aux garçons, les travaux auxquels ces derniers peuvent se livrer sont assez nombreux. C'est ainsi, par exemple, qu'il y a à Mettray une si grande diversité d'apprentissages.

Établissements de Filles. — Insuffisance des ressources.

Lorsqu'il s'agit d'établissements de filles, la situation change. M. Prache l'a exposé très nettement dans l'*Avis* qu'il a donné sur le travail de la Supérieure de Gaudechart. « La nécessité où ils sont, dit-il, de ne s'adonner qu'à des travaux à la fois abondants, permanents et certains les amènent par la force des choses à appliquer leurs enfants principalement à des travaux d'aiguilles ordinaires et courants, travaux pour les grands magasins, le plus souvent. »

Puis, s'appuyant sur les ouvrages de MM. J. Simon, Paul Leroy-Beaulieu, Charles Benoist, d'Haussonville, Bonnevay, Cotelle, Gonnard, Espinasse et Poisson, M. Prache montre en outre que, dans ces travaux de l'aiguille, la quantité des concurrentes, professionnelles ou accidentelles, maintient les salaires si bas que l'ouvrière y est réduite à vivre sous le régime de « *la faim lente* ».

En ce qui touche la main d'œuvre libre, le fait est certain. Il est déplorable, il est cruellement attristant. Mais c'est un fait, et ce fait, comme le rappelle la revue *l'Enfant*, vient d'être encore une fois confirmé par l'enquête à laquelle a procédé récemment l'Office du Travail. La revue *l'Enfant* rappelle les résultats de cette enquête : ils sont navrants.

En ce qui touche la main d'œuvre dans les orphelinats. en est-il autrement ?

La revue *l'Enfant* rend hommage aux recherches que Mᵐᵉ Moniez elle-même a faites. Quel en a été le résultat ? Le même précisément que celui qu'indiquait M. Prache, à savoir que, des deux côtés, les prix de main d'œuvre sont sensiblement les mêmes. Aussi la Supérieure de Gaudechart a-t-elle pu écrire : « D'une façon générale, nos maisons sont pauvres, très pauvres ; de leur existence on cause souvent sans se douter de ce qu'elle est. » Et c'est ce que confirme M. Rollet : « L'aisance » de certaines œuvres bien dotées, dit-il, » par leurs fondateurs ou bienfaiteurs (1) crée » parfois d'étranges illusions. On ne s'in- » quiète pas assez, en général, des condi- » tions difficiles où vivent la plupart des » œuvres. »

Le système de Mme Moniez.

Donc, de tous côtés, nous vient la confir- mation de ce fait que les orphelinats de fil- les ne subsistent que par des prodiges d'at- tention.

S'il en est ainsi, comment l'idée a-t-elle pu venir d'imposer à ces établissements privés des charges qui, en fait, suppose- raient des ressources considérables ? (2).

Et comment Mme Moniez peut-elle les trai- ter, proposer qu'on les traite comme si, en fait, ils avaient les ressources qu'ils n'ont pas ?

C'est ainsi que, de même que M. de Cor- ny, M. Paul Guillot est amené à poser dans la revue l'Enfant, la question de savoir si, oui ou non, on projette, « en muselant l'as- sistance privée », de la détruire ou de la dé- cider à disparaître d'elle-même.

Il dit combien cet aboutissement serait funeste pour les malheureux.

Et, à ce point de vue, il rappelle l'obser- vation d'un parlementaire qui disait que les pouvoirs publics ne peuvent, en général, es-

---

(1) Comme l'œuvre, par exemple, de M. Marin, qui cependant, et malgré cela, nous a dit les difficultés matérielles de la tâche.

(2) Nous avons, au début, donné la liste des obliga- tions que Mme Moniez propose d'imposer à toutes les œuvres privées.

pérer de la part des fonctionnaires le zèle que, d'ordinaire, apportent les bienfaisants de l'assistance privée.

A ce même point de vue, Mlle Dr Delporte a rappelé les paroles de M. Loubet qui, avec l'autorité que lui donnait l'exercice de la première magistrature du pays, a dit :

« Au point de vue matériel, l'Etat ne » peut pas tout faire.

» Au point de vue moral, il ne peut faire aussi bien que l'initiative privée (1). »

Et c'est encore à ce même point de vue, comme le rappelle M. Delry dans le dernier numéro de la *Revue Philanthropique*, que M. l'Inspecteur général Rondel a dit :

« Il convient de traiter les établissements » privés non pas comme des enfants des- » quels on redoute toujours quelque écart, » mais comme de grandes personnes dont » l'initiative, en principe illimitée, n'a que » rarement besoin d'être rectifiée. »

Cependant, dans ce même numéro de la *Revue Philanthropique*, Mme Moniez, conti- nuant son ardente campagne, asservit les œuvres privées à un régime d'immixtion qui, non tolérable assurément, ne serait assuré- ment pas toléré.

Au fait et en définitive, Mme Moniez elle- même aperçoit bien ce péril, et elle l'a dit loyalement.

Mais, pour justifier ses solutions, elle dit aux congressistes qu'elle connaît les idées parlementaires et qu'ils devront s'en préoc- cuper, à peine de faire œuvre vaine et stérile.

C'est ainsi qu'elle s'excuse de proposer elle-même d'assujettir les établissements privés à des obligations, qu'en toutes cir- constances ils seront dans l'impossibilité de remplir dans leur ensemble.

_____

(1) Dans son discours, lors de la séance d'inaugura- tion, M. Mirman a fortement insisté sur les mêmes idées.

Est-ce là un bon raisonnement ?

C'est précisément parce que le Parlement a paru disposé à accueillir des solutions matériellement et moralement impossibles, qu'il importe de le prémunir. Et qui le peut mieux faire que ceux qui joignent la pitié des sentiments à l'expérience des bonnes actions ?

Que serait un Congrès où tant de compétences sont réunies, si, fermant les yeux à l'évidence, il contribuait par ses votes à entretenir des illusions, source d'inévitables malheurs ?

Sans doute, les votes du Congrès ne lieront pas le Parlement. Mais, dans l'indépendance de ses libres décisions, le Congrès devra dire ce qu'il pense, s'il opte pour le système de la contrainte ou si, avec la Supérieure, dont nous exposerons demain le système, il préfère susciter parmi les œuvres l'émulation du bien.

N.-B. — Le numéro d'avril de la revue *L'Enfant*, contient une critique serrée — nous pourrions dire une réfutation pièce par pièce — du système proposé par Mⁿᵉ Monier. L'article signé : « La Revue *L'Enfant* ». Ce numéro est en vente dans les librairies de la ville. Prix : 0 fr. 80. — Les personnes qui veulent étudier à fond la question avec les difficultés qu'elle soulève, devront se reporter à cette étude approfondie, qui est elle-même suivie de deux articles dûs à M. de Corny et à M. P. Guillot.

QUATRIÈME ARTICLE.

Jeudi 23 Avril.

Le contrôle permanent et global des établissements privés d'assistance d'après Mme Moniez.

Ce contrôle dégénère en direction. — Il porte atteinte à l'initiative et à la liberté.

Avis de la Revue l'*Enfant*. — de MM Cheysson, Marin, Rondel, P. Guillot, Delpy, d'Haussonville.

On est d'accord pour reconnaître la nécessité d'un contrôle.

Mais quel en sera l'objet ?

Que veut-on par ce contrôle ? C'est empêcher certains abus possibles. Si le contrôle a ce but, fixons-le en conséquence, sans prétendre conférer aux contrôleurs un droit d'immixtion directe et permanente dans le fonctionnement des œuvres privées et dans leurs affaires.

Ainsi parle la Revue l'*Enfant*, de même que M. Marin notamment; et M. Guillot.

Ainsi parlent aussi M. l'inspecteur Rondel, dont nous avons cité quelques lignes, et M. Delpy.

Ainsi parlent M. d'Haussonville, M. Cheysson, M. Joly. « J'admets l'inspection de l'hygiène, dit M. d'Haussonville; mais non pas une inspection générale permanente s'exerçant sur les établissements de bienfaisance privés. »

Mais tel n'est pas l'avis de Mme Moniez.

Il ne suffit pas, d'après elle, que le Contrôle empêche les abus possibles et qu'il mette les victimes de ces abus à même de s'en plaindre.

Il faut, d'après elle, un contrôle plus actif, un contrôle qui ne sera plus un contrôle, mais bien un pouvoir de direction générale, permanente et globale.

Il n'aurait pas seulement à exiger l'exécution des obligations qu'elle impose aux œuvres privées.

Il pourra, il devra inspirer la direction et le fonctionnement des œuvres.

Et pourquoi ?

Parce que, dans certains établissements, peut régner l'esprit de routine.

Parce que les dirigeants peuvent considérer la vie à travers des formules de renoncement.

Et Madame Moniez déclare, néanmoins, qu'elle fait grand cas des œuvres privées.

Écoutons-la.

« Je crois donc fortement que dans l'inté-
« rêt même de l'avenir des assistées, il est
« grand temps que, par l'inspection géné-
« rale, les *lumières du dehors* pénètrent
« dans certains établissements privés.... Si
« nous envisageons l'avenir des orpheli-
« nats mêmes, nous voyons tout le bénéfice
« qu'ils pourraient retirer d'une inspection
« générale intelligemment comprise. »

À cela, M. P. Guillot répond :

« Le sort des établissements *privés* devien-
« dra très simple : en tout et pour tout, ils
« seront soumis à des obligations minutieu-
« ses autant que strictes, soumis aussi à un
« global et universel contrôle qui pourra
« tout pénétrer, aura pour objet, non seule-
« ment *d'empêcher* les abus, ce qui serait
« légitime, mais aussi *d'exiger* l'exécution
« intégrale des obligations imposées. »

De son côté, M. Marin répond que *ce qu'il*

craint, *ce n'est pas la surveillance*, ce sont *les* surveillants.

Et M. P. Guillot rappelle l'histoire — vraiment amusante — de cet inspecteur qui recommandait à M. Marin de faire changer de linge aux enfants avant le déjeuner et avant le dîner.

Les « lumières du dehors », comprises à la façon de cet inspecteur, procèdent-elles d'un sentiment pratique des choses ?

Aussi, pour contrebalancer les partis-pris d'un inspecteur unique, M. Marin demande-t-il que le contrôle soit exercé par des commissions où entreraient notamment des magistrats.

Mme Moniez sent bien elle-même que le terrain n'est pas solide.

« Les « *lumières du dehors* » que l'ins-
« pection générale fera pénétrer dans les
« orphelinats, dit-elle, ne pourront évidem-
« ment, *dans bien des cas*, que revêtir la
« forme de conseils donnés avec toute me-
« sure et discrétion. »

Mais M. l'inspecteur Rondel signale combien, en ces matières, les opinions sont contingentes, et, par là, ses observations confirment celles de M. Marin. Chacun des inspecteurs aura ses idées à lui, et les œuvres seront conviées, dans la succession des « conseils », à suivre des directions différentes et contradictoires ; — et, successivement, chacun des inspecteurs aura le loisir de montrer son irritation de ce que ses « conseils » n'auront pas été suivis, même s'ils ne sont pas raisonnables.

Car cette éventualité, elle aussi, est à prévoir, en ce sens qu'elle est possible. Pour cette éventualité, quelle sera la garantie « d'une inspection générale intelligemment comprise », la garantie « du tact, de la mesure et de la discrétion ? »

A ce point de vue, M. P. Guillot a écrit

dans la revue l'*Enfant* : « Pendant que des
« hommes comme M. Brun et que d'excel-
« lents inspecteurs (trop portés à mon avis
« aux solutions administratives, mais à coup
« sûr très dévoués) comme M. Drouineau,
« par exemple, M. Brunot, M. Ogier, M. Ron-
« del, cherchent par tous les moyens à re-
« lever le niveau moral de l'enfance, cer-
« tains autres fonctionnaires semblent se
« donner à tâche de l'abaisser et même de
« détruire *ab ovo* toute moralité ! Dans un
« ouvrage édité par la Bibliothèque d'édu-
« cation sous ce titre : « Nouveau cours de
« pédagogie » (pédagogie très nouvelle en
« effet) l'auteur, M. Dufrenne, qui lui aussi
« est un inspecteur « INSPECTEUR DE
« L'ENSEIGNEMENT PRIMAIRE », s'efforce
« de libérer les instituteurs et, comme il
« dit, de *les débarrasser de l'obsession de*
« *l'enseignement moral* (p. 126). Du moins
« faut-il reconnaître qu'il ne voile pas sa
« pensée. « *Toute l'attention que nous met-*
« *tions à moraliser*, dit-il, *nous la mettrons*
« *à éviter de moraliser.* » Il prévoit, sans
« peine, une objection. « *Mais, dira-t-on,*
« *avons-nous le droit de nous désintéresser*
« *aussi complètement des conséquences de*
« *notre enseignement ? Que deviendront la*
« *société et la morale ?* » Il répond : « ELLES
« DEVIENDRONT CE QU'ELLES POURRONT. Nous
« subordonnons la société à l'individu et la
« morale à la société. »

Et ce n'est point là, hélas ! une voix
isolée. Car Mlle Delporte, dans son Avis,
joint au livre, sur « l'apprentissage ménager » cite plusieurs autres pédagogues, —
fonctionnaires également — qui sou-
tiennent la même thèse : l'un d'eux dit que,
de l'enseignement, il faut bannir même la
morale positive d'Auguste Comte » parce que
« l'idée de devoir lui paraît sacrée ; à chaque instant il l'oppose avec complai-

sance à l'idée de droit ; il distingue le coquin et l'honnête homme et blâme le premier. »

Blâmer le coquin, c'est évidemment le
contraire de toute saine morale, n'est-il pas
vrai ?

M. Guillot ajoute : « Que penser du dan-
ger que ferait courir, remise en de telles
mains, l'inspection des établissements privés, et, par exemple, des Sœurs de charité ?
L'antagonisme des idées et des sentiments
ferait naitre de fréquents et graves conflits,
qui auraient eux-mêmes de désastreuses
conséquences pour l'existence des œuvres ».

Qu'on comprenne bien ici l'objet de l'objection. Supposons le contrôle strictement
limité à la constatation des abus possibles.
Il est bien clair qu'à l'occasion, les établissements pourront profiter des visites du
contrôle pour demander utilement des renseignements. Mais autre chose est une
demande de renseignements, spontané-
ment faite, faite à bon escient à
tel ou tel inspecteur, autre chose le
droit d'immixtion donné aux inspecteurs,
le droit de conseil et de direction. Les œuvres qui voudront demander des avis, doivent au moins avoir la latitude de les demander à qui bon leur semble.

C'est ainsi que dans son livre, la Supérieure de Gaudechart s'exprime ainsi :

« Souhaitons que des personnes *dévouées* ;
plus au courant que nous des choses du dehors, nous montrent la meilleure voie à
suivre. »

Mais cette observation ne la conduit pas
à la main-mise de ces personnes sur les
œuvres. Loin de là, car à plusieurs reprises,
elle précise que ces personnes n'auront
aucunement à « intervenir dans le fonctionnement des œuvres, confessionnelles ou
laïques. »

Et elle ajoute : « Pour conjurer toute inquiétude sur ce point, cela devra bien être spécifié. »

Dans sa belle préface, M. Cheysson confirme « qu'on ne saurait s'immiscer en rien et sous aucun prétexte dans le fonctionnement des œuvres. »

Par là, on voit combien les points de vue sont différents.

Réponse de Mme Moniez

Nous recevons de Mme Moniez la réponse suivante aux critiques, concernant son rapport, parues dans notre journal ; l'impartialité et la courtoisie nous font un devoir d'accueillir et d'insérer cette réponse avec empressement :

Monsieur le Directeur,

C'est seulement hier, en arrivant à Reims, que j'ai eu connaissance des articles que le « Courrier de la Champagne » consacre dans ses numéros de dimanche et de mardi à mon rapport sur le projet de loi concernant les Œuvres privées.

Puisque vous m'avez mis en cause par deux fois, je m'adresse à votre courtoisie pour obtenir dans le plus bref délai possible publication de ma réponse. Il n'est pas douteux, au reste, que votre bonne foi a été complètement surprise et je crains qu'en combattant les conclusions de mon rapport vous n'alliez à l'encontre des intérêts des Œuvres privées que vous pensez défendre.

1° L'auteur anonyme des articles s'exprime ainsi : « Mme Moniez s'est bornée à « donner son opinion personnelle ».

Or, voici un an que je poursuis, en vue de mon rapport au Congrès, une enquête dans les Orphelinats de filles — les plus nombreux puisqu'on compte 1.300 orphelinats de jeunes filles,contre 300 orphelinats de garçons. J'ai recueilli et publié dans la *Revue Philanthropique* l'opinion des plus zélés défenseurs des Œuvres libres : MM. d'Haussonville, Bruyère, Cheysson, Mme Lucie Félix, Faure Goyan, etc., ainsi que l'avis d'un grand nombre de supérieures d'orphelinats. J'ai visité personnellement une cinquantaine d'orphelinats, et, d'accord avec l'*Office central des Œuvres de Bienfaisance*, présidé par le marquis de Vogüé, et qui rend tant de services aux Établissements libres, j'ai poursuivi, par questionnaire, mon enquête dans plus de 400 Œuvres privées dirigées en majorité par des religieuses. J'ai étudié notamment, grâce à la bienveillance d'une Supérieure générale, la formation du pécule dans plus de 200 orphelinats dépendant de la même Congrégation. C'est à la suite de cette étude que j'ai trouvé la formule de la formation du pécule sur le *travail productif*, la plus « équitable » de l'avis compétent d'une Supérieure de Congrégation.

Je tiens à votre disposition, Monsieur le Directeur, le compte-rendu de mon enquête qui paraît depuis dix mois dans la *Revue Philanthropique :* vous y verrez que les conclusions de mon rapport ont été soumises aux représentants les plus autorisés des Œuvres libres. Ces conclusions sont d'ailleurs le résumé fidèle des avis recueillis au cours de mon enquête auprès de toutes les Directrices d'Établissements privés.

2° L'auteur anonyme de l'article conclut ainsi : « En définitive le Congrès aura à choisir entre deux solutions : celle de Mme Moniez et celle qu'expose en un très curieux travail la Supérieure de l'Orphelinat de Gandechart. »

Mon adversaire commet une regrettable confusion en opposant mon rapport à celui de Sœur Marie-Saint-Laurent, directrice de l'Orphelinat de Gandechart. — J'ai, en effet, entre les mains, le rapport officiel au Congrès de Sœur Marie-Saint-Laurent et j'y relève nombre de phrases telles que celle-ci : « Chargée d'un rapport, Mme Moniez avait naturellement le devoir d'apporter si possible au Congrès des SOLUTIONS POSITIVES. Mais, EN CONSCIENCE, *elle s'est d'abord préoccupée d'en rechercher les bases et de ne pas se borner à de faciles et verbales affirmations.* »

Sœur Marie-Saint-Laurent me suit ensuite dans la longue et difficile enquête que j'ai entreprise auprès des Œuvres libres et des maisons de commerce sur les tarifs de façon accordés aux Orphelinats. C'est à la suite de cette enquête que j'organise au Congrès une exposition des travaux de lingerie exécutés dans les Etablissements privés et qui démontre à l'évidence que la valeur du travail étant infiniment variable, on ne saurait, comme le demande la loi, imposer à toutes les Œuvres privées un pécule fixe et uniforme de 420 francs par enfant. Aussi la directrice de l'Orphelinat de Gandechart applaudit-elle aux résultats de mon enquête qu'elle qualifie en termes trop flatteurs de « très lumineuse ». Et c'est, — par une ironie bien amusante, — en s'appuyant sur les résultats mêmes de cette enquête, qu'elle formule, dans le rapport qu'on prétend m'opposer, ses conclusions sur la formation du pécule.

3° Si dans son article de dimanche votre collaborateur inconnu m'oppose le rapport de Sœur Marie-Saint-Laurent, dans celui de mardi il m'oppose l'étude de M. Marin, vice-président du Tribunal civil de Bordeaux,

« dont la voix, dit-il, de praticien éminent
eut été entendue avec profit par tous ceux
qui, en ces matières, ne se bornent pas à
de *faciles théories* ».

Je ne sais si c'est à moi que s'adresse cet
aimable discours. En tout cas, je répondrai
que j'ai fondé, sur mes ressources personnelles, beaucoup d'Œuvres de bienfaisance
qui sont fort prospères. Comme M. Marin,
je puis donc apporter, en ces matières, les
résultats d'une assez longue expérience.
Mais il m'a paru que l'expérience acquise
dans la création d'Œuvres laïques n'était
point propre à éclairer la question du pécule pour les Établissements congréganistes.

Un exemple : Les Congrégations peuvent
redouter de voir vérifier, à propos d'une
seule de leurs Œuvres, toute leur comptabilité générale. Aussi, il avait été convenu,
dès l'origine de mon rapport, que le pécule
serait formé de telle façon qu'il ne devrait
pas s'inquiéter de l'*origine* des ressources
des Établissements libres. Ce but est atteint
par le système de prélèvement sur le travail
productif qui n'exige que la production du
livre de commandes de la Directrice de l'A-
telier de couture. Or, quel est donc le système de M. Marin qu'on prétend si libéral ?
Il propose pour la formation du pécule un
prélèvement de 2 % sur les ressources géné-
rales des Établissements privés ! De telle
sorte que, dans le système de M. Marin, les
services de contrôle auraient le droit de se
faire ouvrir tous les livres de compte des
Œuvres privées et par suite de vérifier la
comptabilité générale des Congrégations
dont elles dépendent ! Et c'est un défenseur
des Institutions libres qui proclame les
bienfaits de l'innovation de « cet éminent
praticien qui ne se borne pas, lui, à de faciles théories ! »

4° Enfin on me reproche d'avoir formulé dans mon rapport une série de dispositions impératives ! Or, j'avais à amender un projet de loi et vous n'ignorez pas, Monsieur le Directeur, que les dispositions d'une loi étant impératives, les amendements doivent nécessairement revêtir la même forme.

Je n'impose pas aux Œuvres privées une « série d'obligations », je m'efforce, au contraire, dans une « série d'amende- ments», d'atténuer pour les Œuvres libres la sévérité des dispositions impératives du projet de loi. Votre collaborateur confond peut-être d'ailleurs les dispositions de la loi avec les amendements que je propose. Il énumère, en effet, deux obligations que je le défie de trouver dans mes amendements. Je ne demande pas aux Œuvres libres « l'envoi d'un compte-rendu annuel avec pièces justificatives. » Je ne demande pas que les « Etablissements privés soient sou- mis à une surveillance diurne et nocturne.» Cette dernière disposition concerne le con- trôle dont je n'avais pas à m'occuper dans un rapport sur le pécule.

Enfin, pour rendre plus imposante la série d'obligations auxquelles je soumets soi-disant les Œuvres privées, votre imagi- natif et lointain collaborateur exprime en trois phrases différentes la même idée « Obligation de comptabilité », « Obligation de comptes annuels », « Obligation de pro- duire la comptabilité ». Ces trois critiques semblables et qui gagneraient à revêtir la même forme s'appliquent admirablement au rapport de M. Marin : C'est lui et non moi qui, par sa formation, du pécule, im- poserait aux Œuvres privées de produire « toute leur comptabilité ».

Les autres « obligations impératives » que j'impose aux Œuvres privées se bor-

nent, comme je viens de vous le dire, à
adoucir les rigueurs de la loi dans l'intérêt
des Etablissements de bienfaisance.

Quant aux dispositions impératives sur
l'éducation ménagère et les patronages, je
les ai introduites d'accord avec MM. Cheysson et Brueyre qui furent, vous le savez,
Monsieur le Directeur, parmi les plus zélés
défenseurs des Œuvres libres.

Je suis prête d'ailleurs à faire l'abandon
de ces deux derniers amendements. Quand
M. Chaysson et Brueyre me demanderont
quel sort le Congrès a fait aux idées qui
leur sont si chères je leur répondrai que
l'intransigeance des soi-disants défenseurs
des Œuvres libres m'a contrainte d'y re-
noncer.

Veuillez agréer, Monsieur le Directeur,
l'asurance de mes meilleurs sentiments.

H. Moniez.

P.-S. — Je termine à peine cette réponse
qu'on me communique un troisième article
d'attaque paru aujourd'hui dans votre journal. Il n'y a toujours pas de signature, ce
qui n'est pas très courageux. Quand on est
si sûr d'avoir raison, on n'hésite pas à
prendre la responsabilité de ses critiques...
Celles d'aujourd'hui sont d'ailleurs aussi
fondées que les précédentes et je puis les
réfuter avec la même facilité.

CINQUIÈME ARTICLE

Vendredi 24 Avril

Mme Moniez répond à l'étude critique de
son projet : elle s'étonne en particulier que
l'on oppose à son système une solution pré-
conisée par la Supérieure de l'Orphelinat de
Gaudechart, la sœur Marie Saint-Laurent.
Or, le *Courrier* publie aujourd'hui et demain
un examen approfondi de cette solution. Il
semble donc préférable de renvoyer à la suite de cet examen les remarques que suscite
la lettre de Mme Moniez.

Demain donc, point par point, nous re-
prendrons les observations de la distinguée
rapporteur. Un simple mot dès maintenant,
qui prévienne un malentendu : Mme Moniez
ne s'est-elle point méprise sur notre pensée ?
N'a-t-elle point vu combien nous élargis-
sions le débat. Il ne s'agit pas seulement des
œuvres catholiques, si importantes soient-
elles, il s'agit de toutes les œuvres *privées*,
laïques ou confessionnelles.

Le Système de la Supérieure de Gaudechart

En toute bonne foi, ne considérant que les
faits dans leur matérialité, nous avons mon-
tré le vice radical, selon nous, du système
que présente Mme Moniez.

M. Rollet, en matière de philanthropie, est
un guide sûr. Suivons-le encore.

La revue l'*Enfant* pose cette question :
« Faut-il dire que, dans tous les établisse-

ments d'assistance privée, tout soit pour le
mieux ? » Et elle répond : non, non.

Puis elle préconise le système de la Supérieure de Gaudechart.

Quel cœur pitoyable que le sien, et avec
quel élan elle appelle l'attention sur les filles malheureuses qu'elle connaît si bien.
« Combien elles sont intéressantes, nos filles,
» s'écrie-t-elle, et combien dignes de pitié :
» orphelines ou abandonnées, ou apparte-
» nant à des parents indignes. Essayez donc
» de peser le poids de toutes les douleurs
» que ces mots secs peuvent renfermer pour
» ces enfants. Elles sont entrées dans la
» vie par la mauvaise porte, et souvent avec
» le funeste surcroît de dispositions natives
» inquiétantes. »

Voilà l'auteur.

Et voici ce que M. Rollet, il y a précisément un an à cette heure, disait du système
proposé par cette religieuse éclairée : « Je
» l'ai étudié avec soin en toutes ses parties:
» il est tout à fait remarquable, non seule-
» ment par la netteté de vos vues à la fois
» généreuses, positives et prudentes, mais
» encore par l'ingéniosité et la précision de
» vos idées d'organisation. »

M. Méline, parlant du travail de la digne
supérieure, dit « qu'il est à souhaiter qu'on
le fasse passer sous les yeux du plus grand
nombre possible de Français et Françaises. »

De la « brochure si bien faite, selon l'ex-
pression de M. d'Haussonville, et si instruc-
tive », M. G. Picot, secrétaire perpétuel de
l'Académie des Sciences morales et politi-
ques, dit qu'elle « doit faire le tour de
France. »

Il faut, apparemment, que les idées expo-
sées par cette supérieure d'une « modeste
communauté établie dans un village » soient
vraiment intéressantes pour provoquer un tel
concert d'approbations et d'éloges.

Détail de l'organisation.

Quelles sont-elles donc, ces idées ? Pour s'en rendre compte, pour les étudier et les suivre dans leur enchaînement, il faut se reporter au travail lui-même. Nous ne pouvons que le résumer.

L'organisation qu'elle propose comporte :

1° Un Comité central, « composé de personnalités éminentes, hommes et femmes » charitables dont le nom et le caractère, les » sentiments généreux et compatissants se- » raient une attraction, une garantie et un » repos pour toutes les œuvres qui s'occu- » pent des orphelines, de nos filles aban- » données ou pauvres, pour les orphelinats » sans distinction, confessionnels ou laï- » ques. »

2° Un programme d'apprentissage ménager, « donc, dit-elle, d'applications prati- » ques et courantes ». Car elle distingue avec soin l'apprentissage ménager de l'enseignement ménager.

3° Un livre, non pas pour les enfants, car elle se défie de ce qui est appris de mémoire et récité sans intelligence, mais pour les maîtresses dont il sera le guide et pour les examinateurs dont il sera le frein.

4° Des Comités locaux, c'est-à-dire départementaux.

5° Un examen annuel, où, s'agissant non de théories, mais d'applications vivantes, elle appelle pour examinateurs... un peu tout le monde. « Ce qui oblige, dit-elle, les maî- » tresses à travailler et les enfants à s'ins- » truire, ce sont les examens. » Ce n'est pas à la contrainte qu'elle a recours, contrainte qui rebuterai tout au moins les œuvres, c'est à leur émulation dans le zèle et l'activité.

6° Un certificat d'apprentissage ménager.

Voilà le système en ses grandes lignes.

Avec un grand sens de la réalité, elle ne veut pas que les enfants des orphelinats soient assujetties à une vie en quelque sorte cloîtrée ; demain, elles rentreront dans le courant de l'existence extérieure, avec ses difficultés, ses peines, ses hasards ; c'est à cette existence qu'il faut les préparer. « Si » l'atmosphère de nos orphelinats, dit-elle, » est ainsi un peu moins confinée, tant » mieux ! Et tant mieux encore si l'appren- » tissage ménager leur donne l'occasion de » quelque contact avec le dehors. »

Et avec quel élan elle fait appel à M. Cheysson, « l'homme de France, le mieux placé, dit M. Prache, pour procéder à cette organisation », comme elle souhaite qu'il y réussisse. Ecoutons-là : « Avec les person- » nes dont il s'entourera, M. Cheysson arri- » vera-t-il à lancer cette idée, à la vivifier ? » C'est notre espoir, c'est notre vœu. »

Et elle conclut :

« On verrait ainsi se constituer une forte » organisation qui, sans porter atteinte à » l'indépendance des œuvres confessionnel- » les ou laïques, sans intervenir en rien » dans leur administration particulière, » s'adressant simplement et indistinctement » à la bonne volonté de toutes, répandrait » en France l'apprentissage ménager sur des » bases vraiment larges et vraiment prati- » ques. »

Aussi avec quel satisfaction a-t-elle dû lire l'avis de M. Harel, premier président honoraire de la Cour de Paris, quand celui- a dit :

« Je ne doute pas que le succès ne cou- » ronne les vaillants efforts de M. Cheys- » son. »

Il nous reste maintenant à dire les résultats qui, d'après la vaillante religieuse, pourraient découler de l'*Organisation de l'apprentissage ménager*.

Ce qu'il faut jusqu'ici noter et retenir, c'est que ce système ne s'immisce en rien dans les œuvres privées, confessionnelles ou laïques, qu'il respecte leur indépendance et ne prétend aucunement les soumettre à un régime de contrainte.

SIXIÈME ARTICLE

Samedi 25 Avril

Résultats

On est stupéfait quand, dans le travail de la Supérieur de Gaudechart et dans les Avis, comme dans la Préface on constate jusqu'où va l'ignorance de la femme, dans « son mé-« tier de femme », comme disait Jules Simon :

« Ignorance énorme, ignorance inouïe, » prodigieuse, presque incroyable, pres-» que invraisemblable, où est la femme » ouvrière de ses obligations, des soins qui » lui incombent comme femme, comme » épouse, comme mère et comme ménagère. » Cette ignorance fait le gaspillage des » ressources du ménage, et ce gaspillage fait » à son tour la ruine morale et matérielle » de la famille ouvrière. »

La Supérieure vise un double but par l'apprentissage ménager.

D'une part elle veut faire des ménagères, de vraies épouses et de vraies mères ; c'est, par là même, la consolidation de la famille. « La famille fait la société, dit M. Cheysson, la femme fait la famille ; tant vaut la femme, tant vaut la famille. » Et, par suite, tant vaut la famille, tant vaut la Société.

Voyez-vous comme les choses, qui au début pouvaient vous apparaître assez minces, se développent et grandissent. M. Dubief, alors ministre du commerce, a dit : « Ce que « nous voulons, c'est réunir les éléments de » la famille, *les consolider*, les rendre plus

» intimement unis que jamais. » Excellentes paroles, où le ministre d'hier — et de demain sans doute — se rencontre avec une religieuse d'esprit élevé.

D'autre part, elle sait que toutes les filles d'orphelinat ne se marieront pas, que, parmi les mariées, la mort, la séparation, le divorce feront des isolées, qui devront gagner leur vie. Celles-là pourront, du moins facilement et bien se placer, leur certificat à la main.

« Quelle aide, s'écrie-t-elle, quelle aide » pour elles et quelle protection sera ce cer- » tificat, qui inspirera une autre confiance » que tant de prétendus certificats, si sou- » vent mensongers ou de pure complaisance, » quand ils ne sont pas de simples faux ! » Oui, certainement, elles seront recher- » chées, nos *certifiées*, ainsi éduquées et » préparées à la vie. Recherchées, nos filles » auront de bons gages. Le certificat leur » fera une sorte de privilège, heureuse com- » pensation de leur infortune, et cette com- » pensation sera d'autant plus légitime » qu'elles l'auraient elles-mêmes acquise par » leur volonté, leur application et leur tra- » vail. »

Recherchées, elles le seront en effet, et la misère ne frappera jamais à leur porte, dit M Méline.

Oui, elles seront recherchées, c'est sûr, reprend M. Preche, qui ajoute : « Le certifi- cat deviendrait ainsi le moyen d'un effi- cace patronage. »

Et voilà, en effet, la question du patrona- ge qui reçoit ainsi une heureuse solution, une solution effective, et non pas seule- ment une solution de texte, qui n'est qu'une mine à procès et à contestations, comme le montre M. de Corny dans la revue de l'En- fant.

Forçons-nous, ainsi, la pensée et les prévisions de la Supérieure ? Qu'on en juge :

« Attirées par l'appât de beaux gages,
« dit-elle, il en viendra à Paris. Et pour
« qu'elles n'aient plus à s'adresser à d'é-
« quivoques et louches agences, ceci arri-
« vera sûrement qu'un bureau spécial de
« placement, honnêtement géré, se consti-
« tuera pour les *certifiées* des orphelinats,
« pour elles seules. Et ce bureau, bien te-
« nu, refusera son concours aussi bien à
« celles d'entre elles qui ne pourraient plus
« être recommandées qu'aux maisons que
« l'expérience aurait révélées comme non
« recommandables. »

Elle prévoit même pour les *certifiées*
une maison de famille « qui sera à elles,
« où elles se rendront en arrivant à Paris,
« où elles resteront, quand, ayant quitté
« une place, elles en attendront une au-
« tre. »

Et de cela, que dit M. Rollet ?

« Avec beaucoup de sens, vous solidari-
« sez ces deux organes (bureau de place-
« ment et maison de famille) de l'organi-
« sation générale. Idées excellentes, dont il
« convient de vous féliciter. »

On aperçoit, dès lors l'importance que
le certificat prend dans « l'organisation ».
Il en est la clef de voûte, dit M. Cheysson.
Et manifestement, la digne Supérieure, n'a
conçu le plan de l'organisation qu'elle présente que pour arriver au certificat.

« Elles en seront fières, nos filles, l'ayant
« ainsi gagné, ce certificat, et, par suite,
« notons bien ce résultat nouveau, elles
« s'appliqueront en général à n'en pas dé-
« choir. »

Cette observation, n'est-elle pas d'une
belle et profonde psychologie ?
Dans la *Revue philanthropique*, M. Del-

py appuie cette solution. « Il paraît évi-
« dent, dit-il, qu'il faudrait instituer un
« examen qui, passé avec succès, aurait
« pour conséquence l'obtention d'un certi-
« ficat ». Mais de toute certitude aussi, cela
n'est pas possible que dans le système de la
Supérieure et à la condition de susciter
et non de brimer l'initiative privée.
La solution foncièrement administrative de
Mme Moniez ne pourra trouver à placer des
examens et le certificat consécutif.

Tandis que Mme Moniez veut procéder
d'autorité, à coups de textes, la Supérieure
s'adresse « simplement et indirectement à
« la bonne volonté de toutes les œuvres
« confessionnelles ou laïques. »

Certains penseront peut-être que c'est la
faiblesse du système.

D'autres diront que, là-même, est sa force. C'est l'opinion de la revue de l'Enfant.
C'est aussi la nôtre. L'émulation est une
force autrement féconde que la contrainte.

Sans doute, si la très grande majorité des
orphelinats ne pensent qu'aux enfants recueillis, il en est de moins bons. Les abus
ne sont pas tolérables. Ce n'est pas ici qu'ils
seront défendus. Le contrôle y mettra fin.
Mais autre chose est la prétention d'imposer
à tous un régime préfixe. « Les meilleurs,
« dit M. Brueyre, les mieux dirigés donne-
« ront sûrement leur concours. A ceux-là,
« il suffira d'indiquer la voie pour qu'ils
« y entrent délibérément. » Quant aux autres, ajoute la revue de l'Enfant, ils seront,
non par la force des règlements domina-
teurs, mais par la force des choses, amenés
à suivre l'exemple des meilleurs pour ne
pas dénoncer eux-mêmes leur propre mé-
diocrité.

M. Rollet va plus loin. Ne donne-t-on
pas de fortes récompenses pour encourager,
par exemple, l'élevage des chevaux ? Au

lieu de morigéner, de mortifier, do bles-
ser ceux qui se dévouent à l'éducation des enfants sans famille ou dont
les familles sont pauvres ou indignes, ne
serait-il pas légitime de les aider tout au
moins dans leur tâche, de les récompenser
quelque peu, ce qui exciterait encore leur
émulation.

« Si, dit-il, par l'apprentissage ménager
« bien suivi, suffisant tout au moins, effi-
« cace en tout cas, les orphelinats et les
« patronages de filles arrivent à prouver
« qu'ils sont capables de rendre les grands
« services qu'on peut en attendre, il sera
« légitime, il sera absolument nécessaire
« que les pouvoirs publics les y aident.
« Comment ? Le meilleur moyen serait,
« semble-t-il, une indemnité calculée d'a-
« près le nombre de filles qui, dans cha-
« que maison, auraient obtenu leur *certi-*
« *ficat d'apprentissage ménager.* De cette
« manière, pas d'équivoque possible sur le
« caractère et l'utilité du concours ainsi
« donné. Le droit ne naîtrait que des résul-
« tats acquis et constatés. Ce e indemni-
« té qui n'acquitterait pas une véritable
« dette, constituerait du moins un encoura-
« gement. De cette opération, la collecti-
« vité ne recueillerait que des avantages.
« Car dans ces filles préparées à la vie,
« elle trouverait des valeurs vraiment socia-
« les, capables de contribuer à la richesse
« morale et matérielle du pays, au lieu de
« ces non-valeurs inutilisées et inutilisa-
« bles, prêtes à toutes les chutes et qui dans
« l'engrenage des déchéances morales et
« physiques, l'obèrent encore par les lour-
« des charges de l'assistance et des sanc-
« tions pénales. Au lieu d'une perte sèche
« à tous égards, ce serait à tous égards un
« gain certain. »

Voilà, dit M. Delpy, des réflexions marquées au coin d'un grand bon sens. Il aurait pu ajouter au coin de l'expérience. Et il ne paraît pas indispensable d'en négliger les leçons.

Ce certificat d'apprentissage ménager aurait même une portée plus grande encore qu'on ne l'a dit jusqu'ici. Il aurait, en outre, dans la pensée de l'ingénieuse religieuse, une portée d'éducation professionnelle.

« Comme les enfants sont, dans chaque
« chaque orphelinat, dirigées spécialement,
« dit-elle, sur un genre de travail, sur la
« lingerie fine, notamment, la broderie, la
« dentelle, Il faudra que soient mention-
« nées séparément les notes obtenues pour
« ces matières, *ces notes devant ainsi aug-*
« *menter la valeur du certificat.* »

Et sans plus, sans étalage, comme sans y toucher, le net esprit de la Supérieure donne, *pour les enfants des orphelinats,* la solution du préoccupant problème de l'apprentissage.

Deux systèmes en présence.

Le Congrès se trouve donc en présence de deux systèmes : celui de Mme Moniez et celui de la Supérieure de Gaudechart.

Tandis que Mme Moniez réglemente abondamment ce qui apparaît comme le moins susceptible de réglementation, la bienfaisance privée, la Supérieure s'adresse à l'initiative de toutes les œuvres, aussi bien laïques que confessionnelles, en excitant leur émulation, et, par quelque côté qu'on la considère, « l'organisation » qu'elle a présentée ne peut évidemment que profiter aux assistés. Nous répétons : N'est-ce pas l'évidence ?

Et si cette évidence est éclatante, en effet, nous terminerons cette série d'articles en posant à notre tour les questions que pose elle-même la revue « l'Enfant : »

— « Des deux points de vue, lequel est
« le meilleur, celui qui, s'inspirant d'une
« idée de contrainte, en tous cas mal sup-
« portée, tombe dans l'inévitable excès des
« immixtions directes et des réglementa-
« tions à outrance, en celui qui, excitent
« l'émulation des œuvres, procure aux as-
« sistés des résultats d'autant plus sûrs
« qu'ils sont la base et la condition des en-
« couragements ? »

— « À tous égards, sera-t-il plus avanta-
« geux que, quels qu'ils puissent être, les
« contrôleurs soient redoutés comme les
« messagers de menaces, les artisans d'in-
« vestigations blessantes, ou bien au con-
« traire, qu'ils soient accueillis avec com-
« plaisance, voire avec un brin de cœur,
« comme des amis à qui on montrera avec
« fierté, fût-elle un peu intéressée, des ré-
« sultats acquis, préparés, expirés ? »

Nous ne tarderons pas à savoir de quel côté le Congrès se sera rangé (1).

------

(1) L' « Organisation de l'apprentissage ménager dans les Orphelinats », par la Directrice de Gaude-chart, avec préface de M. Cheysson, se trouve en vente dans toutes les librairies de la ville.

Réponse à Mᵐᵉ Hélène MONIEZ

Est-ce que Madame Moniez ne se serait
point légèrement méprise au sujet des observations que nous avons présentées ?

Pas un mot capable de l'émouvoir n'a été
écrit ici. Nos critiques n'ont porté que sur
les idées qu'elle défend et la tendance parti-
culièrement administrative qui les inspire.

Personne ne méconnait les efforts de Madame Moniez : ils ont été grands. Il n'en reste
pas moins vrai que *dans son rapport*, elle
n'exprime que son opinion personnelle. Nous
avons en conséquence formulé la pensée
qu'elle eût sans doute bien fait de placer
dans son rapport un exposé des idées émises
avant elle.

Qu'il y ait antinomie entre le système
qu'elle propose avec talent et, notamment,
le système de la Directrice de Gaudechart,
cela n'est pas douteux : l'un demande à la
loi d'imposer des « *obligations* » et procède
par contrainte ; l'autre précise des « *de-
voirs* » et convie à leur accomplissement
l'initiative des œuvres.

Nous avons dit que le système de Madame
Moniez s'inspirait d'idées théoriques. Elle
se demande si nous avons voulu méconnaître
sa générosité pratique. Sûrement non. Et il
nous est vraiment agréable, puisqu'elle nous
le dit, de redire après elle qu' « elle a
fondé, sur ses ressources personnelles, beaucoup d'œuvres de bienfaisance ».

A propos de M. Marin, dont nous avons
regretté l'absence, Madame Moniez ne com-
mettrait-elle pas une nouvelle méprise ?
Qu'elle veuille bien relire la note dans laquelle nous avons présenté le rapport de

l'éminent philanthrope : « Nous nous faisons, avons-nous dit, un devoir de publier ce rapport en entier. » Nulle part, nous n'approuvons sa théorie du pécule. Quant à l'opinion de M. Marin sur la surveillance des établissements privés, Madame Moniez sait fort bien et nous oblige à rappeler qu'elle est diamétralemnt opposée à la sienne. Autant Madame Moniez a la passion administrative et réglementaire, autant M. Marin a le souci de l'indépendance et de la liberté.

Enfin, et pour finir, le rapport de Madame Moniez impose-t-il, oui ou non, aux œuvres privées une « série d'obligations impératives » ? Elle objecte que le projet de loi en imposait de plus sévères, — en ce qui touche le pécule. — Mais à propos du pécule même, n'est-elle pas amenée à contraindre les œuvres — toujours la contrainte — à produire leurs livres ? Et, si elle prévoit, il est vrai, des exceptions en cas d'impossibilités, qui en fait-elle juge ? Le Préfet, d'abord, et le Ministre de l'Intérieur ensuite ! En vérité, cette atténuation n'apparaîtra-t-elle pas, aux yeux de beaucoup, comme une aggravation ?

Au sujet des livres, Madame Moniez assure que nous avons exprimé en trois phrases différentes la même idée : « Obligation de comptabilité », « Obligation de comptes annuels », « Obligation de production de la comptabilité ». Si Madame Moniez trouve que ces trois obligations n'en font qu'une, elle se trompe gravement : le moindre comptable pourra la renseigner.

Madame Moniez tient à exprimer toute la sympathie qu'elle porte aux œuvres privées ; elle l'exprimait hier encore à M. le Rédacteur en chef du *Courrier de la Champagne*. Volontiers, elle donne l'assurance que loin de vouloir condamner les initiatives privées, elle les aime.

Qu'elle les aime, nul doute, puisqu'elle le dit. Mais elle les aime à sa manière, et de cette manière-là, les œuvres s'inquiètent...

De la froideur que lui témoigne l'assistance privée, Madame Moniez se fâche, et, comme dit Carmen :

> Si tu ne m'aimes pas, je t'aime,
> Et si je t'aime, prends garde à toi.

L'assistance privée cherche, en effet, à prendre garde à elle.

Et si — honneur qu'elle n'a jamais prévu — le titre d'Inspectrice générale de l'Assistance privée s'imposait à Madame Moniez malgré sa modestie, l'Assistance privée ne douterait point de sa bienveillance, mais elle redouterait tout de son zèle administratif.

IMP. GOBERT ET HELLUY. — REIMS (41103)

www.ingramcontent.com/pod-product-compliance
Lightning Source LLC
Chambersburg PA
CBHW071008280326

41934CB00009B/2220